STRONG IS THE NEW PRETTY

A Celebration of Girls Being Themselves

わたしは
無敵の
女の子

Kate T. Parker
ケイト T. パーカー

栗木さつき 訳

STRONG IS THE NEW PRETTY
A Celebration of Girls Being Themselves
by Kate T. Parker

Kate T. Parker Photography, Inc. © 2017
Japanese translation rights arranged with
Kate T. Parker Photography, Inc.
c/o InkWell Management, LLC, New York,
through Tuttle-Mori Agency, Inc., Tokyo

わたしは無敵の女の子

2021年 4 月26日　初版第 1 刷発行

著者
ケイト T. パーカー
訳者
栗木さつき
編集協力
藤井久美子
装幀
Y&y
印刷
シナノ印刷株式会社
発行所
有限会社 海と月社
〒180-0003　東京都武蔵野市吉祥寺南町2-25-14-105
電話0422-26-9031　FAX0422-26-9032
http://www.umitotsuki.co.jp

弊社刊行物等の最新情報は以下で随時お知らせしています。
インスタグラム　@umitotsukisha
フェイスブック　www.facebook.com/umitotsuki
ツイッター　@umitotsuki

この本のアイデアをあたえてくれた
こわいもの知らずで、つよくて、ステキな女の子たち、
そして、いつもわたしを笑顔にしてくれる
美しくてつよいわたしの娘エラとアリスに感謝をこめて。
あなたたちを愛してる。

CONTENTS

はじめに …………………………… 7

1.「自信がある」は、つよい ………… 11

2.「ワイルド」は、つよい …………… 47

3.「立ちなおる」は、つよい ………… 73

4.「クリエイティブ」は、つよい …… 95

5.「決めたら続ける」は、つよい … 121

6.「やさしい」は、つよい ………… 149

7.「こわがらない」は、つよい …… 173

8.「楽しめる」は、つよい ………… 205

9.「ひとりでできる」は、つよい … 233

謝辞 ……………………………… 256

INTRODUCTION

はじめに

7歳のころ、わたしは腰くらいまである髪を、きゅっとポニーテールにまとめていて、ふたりの兄みたいにサッカーの試合で大活躍することをいちばんの目標にしていた。

　そんなふうだから、男の子はヘアスタイルにムダな時間をかけなくてもいいってことが、うらやましくてしかたなかった。わたしにとって、髪の毛なんて「じゃまなだけ」。大切なのは、サッカーの試合にでて、とにかくたくさんシュートをきめることだった。

　それで、とうとう髪を切ることにした。ちょっと毛先をそろえるくらいじゃダメ。「中途半端はイヤ、いつだって全力投球」がモットーだったから。
　「バッサリ切って、おねがい」。両親は願いを聞きいれてくれた。そのヘアスタイルは、1983年当時にまわりにいた女子たちとはまったくちがっていたけれど、まわりの人がどう思うかなんてどうでもよかった。ものすごく気にいった。

わたしが
8歳のとき

　翌日、わたしは胸をはって2年生の教室に入っていった。みんなビックリして大騒ぎになった。それでも、わたしは「カッコわるい」とか「女の子はロングヘアじゃなきゃ」なんて、これっぽっちも思わなかった。

　どうしてかって？

それはわたしが、女の子は「こうしなくちゃ」とか「こんなかっこうでないと」とかいったことを、いちども考えたことがなかったから。
　両親も「女の子にそんなスポーツはムリ」とか「大声をだしたらダメ」なんて言わなかった。母も父も、わたしが「ありのままの自分」でいることを認めてくれた。
　それがとてもうれしかった。
　いまでもわたしは、両親を心から敬愛している。

　そしていま、わたしは母親になり、ふたりの娘に同じように接している。夫とともに娘たちにかけることばは、たとえばこんなふうだ。
　「思いっきり騒いでもかまわないよ」
　「バカバカしいことも、どんどんやりなさい」
　「自信をもって、こわがらずに、いろんなことに挑戦してみたら」
　「たくましくなって、あなたらしさを発揮して」
　もちろん、ヘアスタイルも好きにさせている（ブラシくらいはかけてほしいけれど）。
　「ありのままのあなたがステキ」──これからもそう伝えつづけたい。

　ところで、わたしは写真家だ。だから、ことあるごとに娘やお友だちの写真を撮ってきた。自転車に乗っているところ、サッカーの練習をしているところ、休日に海辺の岩場で潮だまりを探検しているところ……。
　とはいえ、彼女たちに「にっこり笑って」とか「かわいいワンピースを着て」とか頼んだことは、いちどもない。
　そしてある日、気がついた。見ているうちに胸がいっぱいになる写真は、どれも彼女たちが100パーセント、ありのままの姿を見せている瞬間をとらえたものだ、と。

　さらに、写真の数が増えてくるうちに、わたしはだんだんと、これらの写真をとおしてメッセージを伝えたくなった。世間にはびこる「女の子はこうでなくっちゃ」というメッセージに「ノー」と言ってごらん、美しいっていうのはつよいってことよと、大声で伝えたくなったのだ。

そう、美しさとは、髪を整えていることではないし、おしゃれな服を着ていることでもない。

こうして、この本が生まれた。

　それからというもの、わたしはいろんな「つよさ」を撮るようになった。そうやってできたこの写真集には、アメリカ各地の約200人の少女の姿がおさめられている。

　わたし自身はスポーツを通じて自分なりにつよさを身につけてきたけれど、静かでおだやかな時間のなかででも、つよさは身につけられる。

　「知性」もつよさだし、「好奇心」や「創造性」や「やさしさ」だってつよさになる。自分の気持ちをはっきり伝えられるつよさ、ぜったいにこうしようと心に決めるつよさ……、女の子も、かつて女の子だった女性たちも、みんな、たくさんの「つよさ」を秘めている。

　それを、この本の少女たちから感じてもらえたらうれしい。

　この本を手にしたすべての少女と女性が「最高の自分になろう」と元気になってくれることが、わたしのいちばんの願いだ。

　女の子は男の子より劣っているとか、もっとやせなくちゃとか、どうせひとりじゃなにもできないとか言われたら、どうか気にしないで立ち向かってほしい。なぜって、わたしたちは「なにかが足りない」どころか、「じゅうぶん持っている」のだから！

　大切なのは、「他人」ではなく「自分」の本心に耳をかたむけ、それを声にだすことだ。

　それも、とびきり大きな声で。

髪に風をはらませながら、

自分にこうささやいてみよう。

「わたしは、なんだってできる」

──ションダ・ライムズ（脚本家）

CONFIDENT
IS STRONG

CHAPTER 1

「自信がある」は、つよい

　　い　　ま、男性の賃金が1ドルとすると、女性はたったの79セント。テレビのスポーツ番組で、女性アスリートの活躍をとりあげるのは放送時間のたったの5％。女性が主役の映画やテレビドラマはたったの12％。そんな話をこの章に出てくる少女にしたら、なんと言うだろう。

　ここにいる女の子たちは、みんな聡明で、才能があって、つよい。そして、そのことを本人もわかっている。どの子も自信をみなぎらせている。それが、わたしたちに希望を与えてくれる──彼女たちがおとなになるころには、きっと、不公平な扱いは消えているだろう、と。

　自信があれば、前に進める。自信があれば、世界を変える力が生まれる（ときには自信を失うときがあったとしても……）。だから、あなたも思いだそう。「わたしはつよい」と。そして言ってあげよう。「人にはみな、それぞれのつよさがあるんだよ」と。何度も、何度も。

　あなたのつよさはなんだろう？　どんなところが賢いだろう？　どんな資格や資質があるだろう？　それを、ぜひ書きだしてみてほしい。そして書き終わったら、それを壁に飾って読みあげてほしい。そうすれば、心に深く刻みこめるはずだから。

　「○○さんみたいになりたい」などと願うのは時間のムダだ。

　あなた、あなたの妹や姉、親戚、友人……、とにかくすべての女性が、ありのままの自分の姿を見せ、歌い、歩き、話し、働き、遊ばなくては！

　そう、すなおな気持ちで。

あたしはカラテをしてる。
州の大会で14回、
地区大会で3回ゆうしょうした。
世界ランキングにも
6回ランクインしてる。

マヤ 9歳

だれも相手にしてくれないとか、ひとりぼっちだとか思ったりしない。
あたしはなんだって、できるんだから。

ヴァレリア　11歳

わたしの両親は、
数カ月のあいだに、たてつづけに
がんで亡くなった。
でも、わたしはそのあと、
歯をくいしばって勉強を続けた。
親も誇らしく思ってくれているはず。
つよさとは、
どんなにつらいめにあっても、
ぜったいにあきらめないこと。

フェイス　18歳

ほんとうの美しさは、
耐える力、くじけない力、
そして自分はつよいっていう
自信から生まれるはず。

ソフィ　17歳

おかしの焼き方も、
デコレーションのしかたも、
ぜんぶ自分でおぼえたよ。

リンジー E.　11歳

サーフィンを始めたころ、
女子はわたしひとりで、
ちょっとでも
男子とちがうことをすると、
そのたびに笑われた。
でも、そのうち男子たちを
あっと言わせるようになった。
それからは一度も
からかわれていない。
いまは、
サーフィンとスケートの両方で、
チャンピオンをめざしている。

ジョーディン　17歳

世界がくるくる回っているときも、
あたしの自信はゆるがない。

リンジー B. 16歳

からだの動きを通じて、
感情もつよさも表現できる。
それがダンスのいちばんいいところ。

キャロライン L. 15 歳

はじめてトライアスロンの大会にでるときは、
ものすごくこわかった。
でも、そのまえの晩、ママが
「どんなにこわくても、どうってことないって顔をしてなさい」
って言って、とってくれたのがこの写真。
これを見てると、ほんとに
こわいものなんかないって思えてくる。

エラ　12歳

泳いだあと、かおに髪がくっついても
気にしない!
大切なのは、「人の目」より「中身」。
あたしは「気にしない」ことで、
たくさんのつよさをみつけた。

ヘイリー H.　10歳

あたしたちに限界なんかない。
「男の子はこう」とか、「女の子はこう」
なんて押しつけはまっぴら。
あたしたちは、なんだってできるんだから。

グレース F. 13歳

サッカーをしていると
「だれもあたしを止められない」って気になってくる。
ボールが足もとにきたら、
それをキープしてシュートをきめたくなる。
だけど、ほかのだれかにパスするほうがいいときもあるんだ。
そうしたくなくても。

キャロライン C. 10歳

わたしは才能に恵まれてる。
それを世界の人に見せたくてたまらない。

ザーリ　11 歳

つよさは
みんなをひとつにする。
バラバラに
するんじゃなくて。

ローレン J. 10歳

みんな「女の子」って聞くと、
メイクとか、
ハイヒールとか、
香水を思いうかべるけど、
そんなんじゃないよ。
あたしにとって女の子とは
頭がよくて、
大きな夢をもってて、
つよい。
だからあたしは
女の子でいることを、
すごく誇りに思ってる。

ゾヘ　10歳

こわいもの？　ない。

マギー　9歳

女の子だっていう、ただそれだけで、もうつよさがそなわっているの。
気づいていない人は多いし、見ないふりをする人も多いけれど、
女の子は毎日、闘っているのだから。
教育であろうと、仕事であろうと、
自分にふさわしいものを
手にしようと
奮闘しているのだから。

サラ A.　18歳

学級委員長に立候補した。
思いきって挑戦すれば、
すでに勝利だと思う。

レニー　**13**歳

＊貼っているポスターには「学級委員長にはレニーに一票を」と書かれている。

スケートボードのスピードがたまんない。
生きてる〜！　って感じがするから。
びゅんびゅん飛ばすのって、サイコー。

ケカーイ　12歳

砲丸を投げる
準備ができたら、
もう、
ほかの選手は見えない。
目の前のことに集中して、
すべきことをするだけ。

イザベラ　19歳

「あたしはできる」
って言いきかせたら
メダルがとれた！

ミシェル　9歳

ゴルフは心がつよくないと勝てない。
プレーするたびに、
心のつよさをためされる。
クラブを振るたびに、
パッティングをするたびに、
自分を信じなくちゃいけない。

セーラ L. 16歳

レスリングでは、女の子がトクだよ。
男の子は、なめてかかってくるから、
いざリングに上がって
目をあわせると、
こんなはずじゃなかったって
ビビるんだ！

レイチェル　11 歳

あたしはちっちゃいけど
でっかい声がだせるし、
その声を
どうつかえばいいかも
わかってるわ。

アイヴィー 9歳

あきらめるもんか。

チェイス 9歳

「女の子」だってことは、
「スゴイ」ってこと。

ナキア 11歳

あたしは水球がだいすきだし、
かたっぽのまゆげだけ上げられるし、
ペルシア語をはなせるし、
テニスもできるし、
へんがおで、
みんなをわらわせることもできる。
いもうとのペニーが３つのときには、
字のよみかただって、
おしえてあげたんだから。

サブリナ　**6**歳

わたしはいつだって
新しいことに挑戦している。
試してみて
気にいらなかったとしても、
それがどんなもので、
どんな感じかがわかるから。

ライラーニ　15歳

足がすくむほど、

こわいことをしなさい。

ただし、

じゅうぶんな準備をしてからね。

―デビー・ライアン（アメリカの俳優）

WILD
IS STRONG

CHAPTER 2

「ワイルド」は、つよい

女なんだから「ガマンしなきゃ」とか、「前にですぎたらいけない」なんてウソ。そういう考えは、かけがえのない「あなたらしさ」を押さえこんでしまうだけだ。

だから、どんどん行動しよう。そう、ワイルドに。

ワイルドとは、毎日をはつらつと、せいいっぱい生きること。楽しかったら、よろこびを爆発させること。元気いっぱいに、大きな声をあげること。自分の気持ちを100パーセントすなおに表現できる勇気があること。思いきり遊んで、くだらないことをして、自分にできるかどうかわからなくても挑戦すること。

そうやって「ほんとうの自分」を表現していこう。「ほんとうの自分」は、あなたが胸に秘めているいちばん大切な夢、よろこび、これまでがんばったこと、いろんな失敗や体験が積み重なってできてくる。あなたの変わっているところやおかしなところも、魅力のひとつだ。まず、自分でそのぜんぶを認めて、大切にしていこう。

ワイルドになれば、生きるのがうんとラクになる。自由になる。

ワイルドな女の子には、人からどう思われようと遠慮しないつよさがある。人の目を気にしてガマンしたりしないつよさが──。

さあ、あなたも、えいっと勇気をだしてワイルドになろう。

そうすれば、なんだってできる。

どんな人にだってなれる。

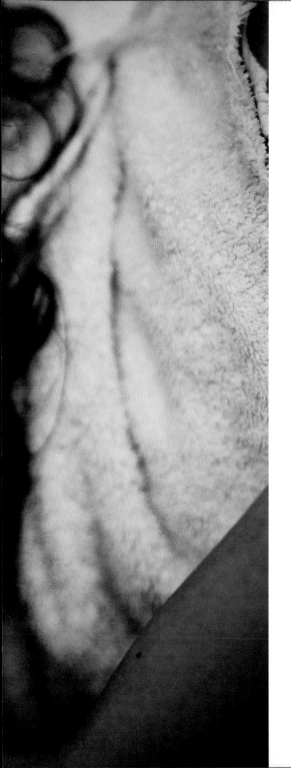

あたし、
ちょっと、おこりんぼよ。

アリス **7**歳

パパはあたしのこと
「ヤマネコ」ってよぶ。
あたしがすこしぶっとんでて、
あそんでるときに、
どろんこになったり、
よごれたりしても、
へっちゃらだから。
いいニックネームでしょ。

テイラー 7歳

ママがてんごくにいったとき、
あたし、ちゃんと立ちあがって、目をそらさなかった。

エマ　6歳

はっぱがぶわーっとなるのって、
サイコー！

アリス **6**歳

毎日、こんなだといいのにな。

キャロライン C. 10歳

すっごくつめたいけど
それがいいんだ！

エヴァ 7歳

ヘビはあたしのこと、
こわがらせたりしない。
そんなこと、するわけないでしょ。

サディ　**8**歳

ゆかが
ビショビショになって
かみをあらうのなんか
わすれちゃった。

アリス　**7**歳

おんなの子も
おとこの子も
したいことはなんだって
していいの。
おんなの子が
おとこの子みたいなこと
してもいいし、
おとこの子が
おんなの子みたいなこと
してもいいの。

エズメ　5歳

おとうとを
ブルドーザーで
もちあげようとしたら、
ママにダメっていわれちゃった。

シド　**8**歳

みんなといっしょだと、
バカなことがしたくなるよね。
ジュリアナ 8歳

つよい女の子は、じぶんの意見をはっきりいう。
ゆうきもある。
男の子と「びょうどう」なんだ。

メイ　**8**歳

いま、みんなで
クラブハウスつくってるんだ。
モルタルをまぜるのが、あたしのしごと。

テイラー　6歳

このきょうりゅう、
草しか
たべないんだって。
「ガオーッ！」

ジェーンF.　6歳

夏はね、すずしければ、
なにを着ててもいいの。

エラ　10歳

ショーにでるの、大すき。
気にいってるわ。
すっごくじょうずにできるんだから。

アリス 7歳

もっと美人だったら、
もっと強い人間だったら、
なんて思うこともあるけれど、
あたしは、この自分の力で
すばらしい存在になるわ。

――エイミー・シューマー（アメリカの俳優）

RESILIENT IS STRONG

「立ちなおる」は、つよい

CHAPTER 3

校で、職場で、あるいは遊んでいるときに、乱暴に扱われたことはないだろうか?

不公平だって思ったことは?

「どうして、あたしはレギュラーに選ばれなかったんだろう」なんて、頭にきたこともあるのでは?

なんといっても、人生には「つらいこと」がつきものだ。だから、そんな経験がないなんて人は、たぶん世界のどこをさがしたっていない。

この章の少女たちの多くも、とてもつらい思いをした。

重い病気になった子、大けがをした子、胸が張りさけるような思いをした子、ハリケーンの被害にあった子……。

だれにだって、運に恵まれないことはある。でも、彼女たちがすごいのは、そのままではいなかったってこと。

あきらめなかったってこと。

家族や友だちの助けがあったにしても。

「立ちなおる」とは、どんなにたいへんな目にあっても、自分のなかにあるつよさをかきあつめて、へこたれないでがんばること。

ここに登場する少女たちのように、あなたも「立ちなおる」つよさを身につけていこう。

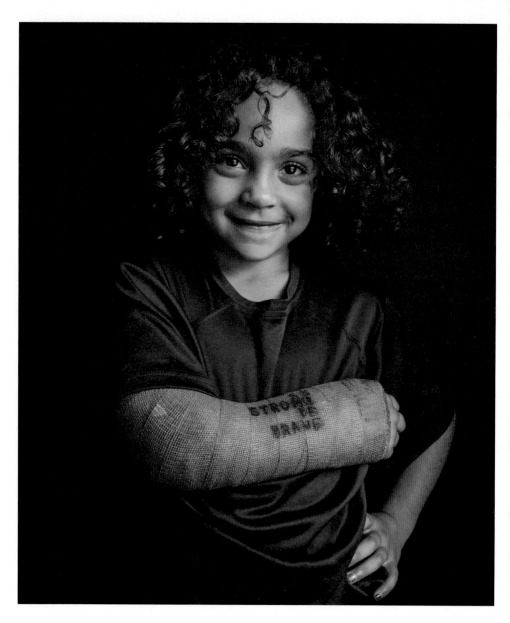

おばあちゃんがギプスにかいてくれたの。
「つよくありなさい。ゆうかんでいなさい」って。「これをわすれちゃダメだよ」って。
そんなこと、よーくわかってるけどさ。

マディ **7**歳

この傷あとは、
困難に立ち向かって、
闘って、
勝利をおさめた
わたしの勲章。

ペイジ　18歳

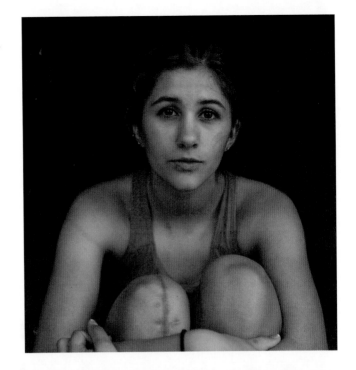

あたしたち、
ガチで、
がんばったよね。

ルル　9歳

車にひかれて、骨がつぶれた。
でも、生き延びたわたしは、
なにがあろうと
最高の自分になってみせるって
決めた。

シェルシー　14歳

つよい女の子は、
ぜったいに負けない。
失敗から学んで、
もっとつよくなって
もどってくるだけ。

カイリー 12歳

心さえつよければ、だれにも倒されない。

カーリー　**12**歳

サイクリングのおかげで、
苦しくてもがんばれることがわかった。
そんなのムリだって思ってたのに。

ミーガン H. 16歳

サッカーにカワイさなんかない。
涙とか血とかをふいて、
チームメイトにハグしてもらって、
できるだけ早くピッチにもどるだけ。

ジュールズ　**9**歳

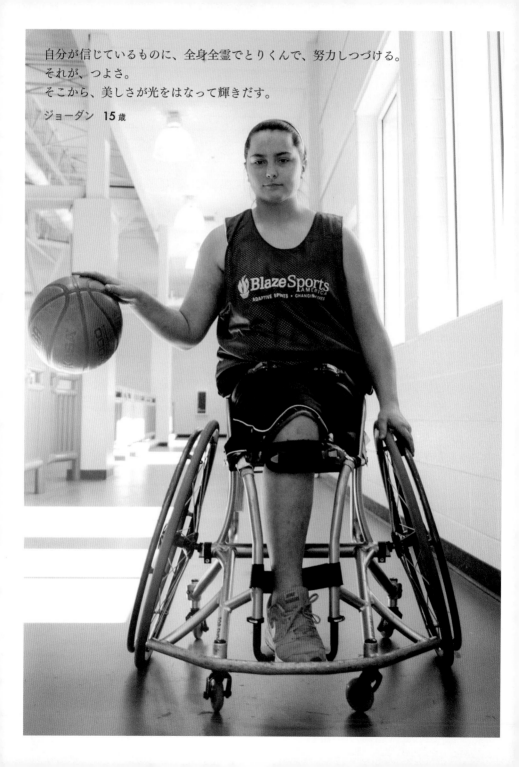

自分が信じているものに、全身全霊でとりくんで、努力しつづける。
それが、つよさ。
そこから、美しさが光をはなって輝きだす。

ジョーダン　15歳

舞台で踊っていると、
ほかでは味わえない
高揚した気持ちにつつまれる。

エミリー T. 15歳

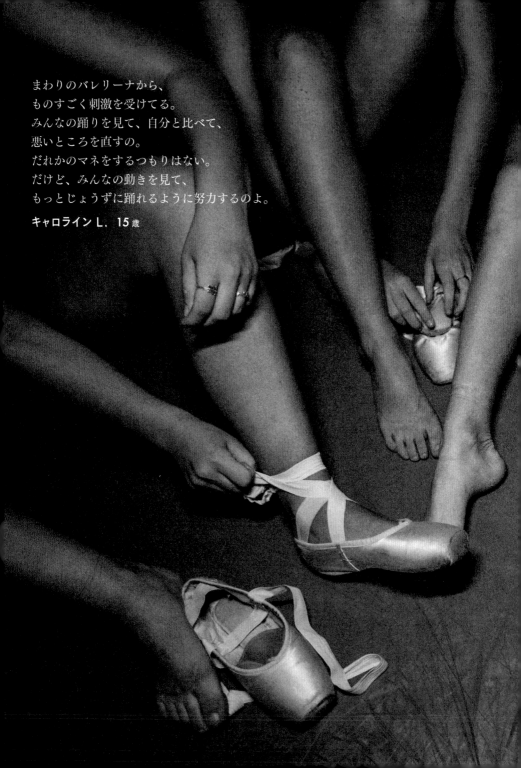

まわりのバレリーナから、
ものすごく刺激を受けてる。
みんなの踊りを見て、自分と比べて、
悪いところを直すの。
だれかのマネをするつもりはない。
だけど、みんなの動きを見て、
もっとじょうずに踊れるように努力するのよ。

キャロライン L. 15歳

カンペキって、そんなにいい？
カンペキって、たいくつでしょ。

ヌール　11歳

プリンセスだって、勇者になれるよ。
がんになったけど、やっつけてやったもの。
ローレンM. **12**歳

困難を乗りこえるたびに、
陸軍の将校になるという夢に一歩ずつ近づいている。

マッケンジー　**16**歳

つよさっていうのは、今すべきことから目をそらさないで、
それをやりとげたあとのすばらしい結果を
想像できることだと思うな。

グレース P. **18**歳

巨大ハリケーンは、
とてつもなく恐ろしかった。
でも、愛する人たちのために踏んばった。

ディアッラ　**16**歳

ときには
新たな視点でものを見ないと。

アリ　17歳

去年、
友だちだと思ってた子たちから
シカトされた。
だから思いきって、
ちがうグループの子たちと
お昼を食べることにした。

ナタリー　15歳

声をあげられる女性、

それこそが

つよい女性。

──メリンダ・ゲイツ（実業家、慈善家）

CREATIVE
IS STRONG

CHAPTER 4

「クリエイティブ」は、つよい

た いくつな授業やミーティングのあいだに、ぼんやり夢想することがある。冒険旅行のこと、親友と実現したいイベントのこと……。楽しいことを考えはじめるときりがない。つい、そればかり考えてしまう。そして、どんどん本気になる。

　クリエイティブ（＝自分でなにかをつくりだす）とは、魔法のようなもの。どんなものでも、自分でゼロからつくるときには、好奇心をフル回転させて必死でがんばらないといけない。とちゅうで自分の弱いところもわかってくる。けれど、想像したことや夢見たことをかたちにできれば、いろんな問題を解決できる。いろんな自分も表現できる。

　私たちは、だれでも、想像力をもっている。おとなも子どもも関係ない。つまり、いつでも、クリエイティブになれる。そればかりか、クリエイティブになればなるほど、才能が磨かれ、大きくはばたいていく。

　クリエイティブっていうと、フリーダ・カーロ（メキシコの画家）やビヨンセ（アメリカの歌手）みたいな、すごい才能の持ち主を想像するかもしれないけれど、もちろん、そういう人だけのものじゃない。自分の頭のなかにあるアイディアを夢で終わらせず、行動する勇気さえだせば、だれだってクリエイティブになれるのだ。

　この章に登場するのは、自分で自分をかりたて、目標や夢をかなえようとがんばっている少女たちだ。あなたも実際に行動してみれば、きっと、本当はもうすっかり準備ができていたことがわかるだろう。

　だって、あなたはこれまでに数えきれないほど、夢をかなえるところを想像してきたはずだから。そうでしょ？

「スパイごっこ」をするときはね、
悪いやつらを見はって、
いい人たちを守ってあげてるつもりになるんだ。

ミア 9歳

どんなところでも
かざりつけるのが好き！

アリス **7**歳

ひとつのテクニックを
身につけるためには、
すごくがんばらなくちゃ。
うまくなるまでには時間がかかる。
「目標にとどくまで、
ぜったいにやりとげる」
って、夢中になってとりくむんだ。
ダンスもスポーツなのよ。

カーミ　11歳

友だちといっしょなら、
できないことなんてない。

スローン　8歳

ことばがちがっていても、文化がちがっていても、
ギターは同じ音をかなでる。
世界じゅうの人たちとハミングしたり、
リズムにあわせて
手をたたいたりもできる。
ケイト 12歳

みんながクリエイティブになれば、世界中で発明や発見がうまれるし、
いろいろな文化の花もさくはず。

ハーメラ　**13**歳

カニは、つかまえても、
生きてるうちに、はなしてあげるの。

テイラー　6歳

夕ぐれの浜べが、どこよりも好き。
だれもいないし、しーんとしてるし、
ちっちゃな生き物がいっぱいでてきて、
こんにちはって、あいさつしてくれるから。

エラ　10歳

このソバカス、
気にいってる。
だって、
これもあたしの
一部だもん。

エラ D. 9歳

姉妹でバンドを組んでるの。
自分たちの音をみつけて、
それをあわせて、
人に聞かせる。
その勇気をだしたおかげで、
つよくなれたわ。

フィオーナ　18歳

科学って、すごくクール。
あたしの科学の成績はA＋。

ホイットニー　**10**歳

おどるのがスキ。大大大スキ！
アリス　7歳

どうぶつはね、
みーんな、すき。
クモはちょっとにがてだけど。
大きくなったら
なりたいものは、
みっつある。
どうぶつえんの
しいくがかりでしょ、
こせいぶつがくしゃでしょ、
みっつめは……
わすれちゃった。

ブリエル **7**歳

せんぷうきにむかってさけぶと
どんな声になるか、しってる？
こんど、やってみるといいよ。

ミア　**8**歳

トカゲはつかまえにくいけど、
手にのせると、
すっごくカッコイイ。

アリス 7歳

答えがわかったら、
いつだって
おもいっきり手をあげるんだ。

リリー B. 11歳

ALASKA   OWN B

はくぶつかん、だいすき。
ほんものの、
生きてるクマのすぐそばに
立ってるような気になるから。

ジェーンＦ．　**6**歳

つよいっていうのは
全力で夢を追いかけられること。
あきらめないで、
目標に向かって突き進むこと。

──ガブリエル・ダグラス（アメリカの体操選手、オリンピック金メダリスト）

DETERMINED
IS STRONG

「決めたら続ける」は、つよい

な　にかを「しよう！」と決めて、それを続けるなら、まず、ほんとうにそれがしたいのかどうかをよく考えたほうがいい。自分で決めたんだし、と心から思えなければ続かないから。

それから、決めたことをやりはじめて壁にぶつかったら、ほかのやり方がないかよく考えてみるのも、続けるためのコツだ。

その壁を「よけられるかも」、「乗り越えられるかも」、「下にもぐって進めるかも」……いろんな方法を考えているうちに、かならずいい案が浮かんでくる。

まわりをよく見るのも忘れないで。なにかをやりつづける心を育てるには、好奇心も大切だから。

この章の少女たちは、みんなキリッとしている。なにが起ころうと、何度「ノー」と言われようと、失敗しようと、だれよりも努力しつづけてきた顔だ。

「がんばればきっと思ったとおりになる。ゴールにたどりついて、さらにその先までいける」と、信じている顔だ。

才能もタイミングも能力も大切だけど、やると決めたことを続けていけば、だれでも日に日に力がついてくる。

そう、なりたい自分に近づいていくのだ。

だから、あきらめないで。

５キロのレースで
ゴールなんてできるはずないって思ってた。
でも、友だちといっしょだと、
できるような気がしてくる。

ラシェール　9歳

あたしはいつだって全力。だれも見ていなくたって、そうしてる。
ママが言うには、それが「せいじつ」ってことなんだって。

パーカー **10** 歳

跳びあがって、足をあげて、仲間を投げて、宙返りして、
舞いあがって、離れわざを決める――
チアリーダーは、頭にリボンをつけて、にっこりしているけど
胸にはいつだって気迫をみなぎらせてるの。

キャロライン R. 15歳

ローラーダービーってのは
5人1チームで、あいてチームとたたかうローラースケートの試合。
これをやってて、いちばんいいのは、
じぶんのこころのつよさがわかるところ。
イザベル　8歳

ぬいぐるみは
めったにゲットできない。
でも、あきらめたくないから、
ママにまたもう少し
お金をおねだりするんだ。

エラ 9歳

127

ランニングには
肉体のつよさと意志のつよさの両方がいる。

デリー　16歳

ぜったいにこうしようって決めたら、
そのままの自分で世界を変えられるよ。

ルビー 9歳

つよい心をもつのは、
つよい筋肉をつけるより、
10 倍はむずかしい。
トレーニングをつづけて、
筋肉をつけたからといって、
心までつよくなるわけじゃない。

キャサリン **12** 歳

バットをにぎったら、ボールだけを見なくちゃ。
おうえんの声も、コーチの声もみんなしめだして、
ボールに集中して、集中して、集中するんだ。

ホイットニー　**10**歳

わたしはチェロで、
聴いている人たちをほほえませることができる。
心をうごかす演奏ができたときは、涙をながす人もいるわ。

ノラ **11**歳

そんなことするほどつよくないって、
みんながおもうようなことだって、
あたしはたっくさんできる。

ディラン　**6**歳

負けてもカラッとしてなくちゃ。
いつだって前向きで。
試合を終えてコートからでていくときには、
勝ったのか負けたのか、
見た目じゃわからないようでないとダメ。

ハーリー　**10**歳

「ボートをこいでるとボーッとするでしょ」
って、よく言われるけど、とんでもない。
毎日、なにもかもちがうし、
母なる自然が、
苦難と幸せをいちどにさずけてくれるんだから。

ローラ　**15**歳

お兄ちゃんが
できることは
あたしもぜんぶできる。
ってか、
あたしのほうがうまい。

アンナ 8歳

138

いでんのびょうきに
かかってるから、
からだは
くるしいこともある。
でもね、きもちは、
びょうきにまけてないよ。

エミー　6歳

139

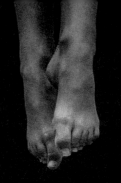

新しい技をおぼえるためには、
長いあいだ猛練習をしなくちゃならないけど、
ある日、すっとできるようになって、
ぜーんぶ報われる。

アリシア 12歳

みんなね、いもうとのハーパーのこと、
「このまちでマナーをまもる
たったひとりのドライバー」
なんていうの。

オリヴィア O. 6歳

143

ヒーローが助けにきてくれるのを夢見る女の子はたくさんいる。
でも、わたしは小さいころから、
自分がヒーローになって人を助けることを夢見てきた。

レスリー　**18**歳

スタートラインに立つと、
自分のレーンしか
見えなくなる。
応援の声も聞こえない。
ただ記録を破ることだけを
ひたすら考える。

ペイトン **16**歳

ほんもののつよさとは、

愛に満ちていて、思いやりがあって、

手ごわい相手だと思われるだけの

力をつけること。

──ガブリエル・リース（アメリカの元バレーボール選手）

KIND
IS STRONG

CHAPTER 6

「やさしい」は、つよい

や　さしさとは、だれかに親切にできること。だれかの1日を少し明るいものにして、悲しみや苦しみを軽くすることだ。

　やさしい人は、あまり大きな声をださないかもしれないし、目立つこともしないかもしれない。でも、やさしい人は、だれよりもつよい。

　やさしい人は、だれかをハグするために、両手をせいいっぱい広げ、友だちのために声をあげ、ほかの人のことをいちばんに考える。困難にあっても、ぐっとこらえて耐えることもできる。ときには、人のために、自分の体重よりずっと重いものをもちあげることだってできる。

　これまでに、だれかからやさしくされたときのことを思いだしてほしい。「スポーツの試合中、ほどけた靴ひもを結んでくれた」、「食べ物や服を届けてくれた」、「大笑いさせてくれた」、「必死で働いていたら、ねぎらいの言葉をかけてくれた」……。

　だれかがあなたを気づかって、それを行動で示してくれたとき、そんなやさしさを自分がどれほど求めていたかがよくわかったのでは？

　やさしさとは、力を必要としている人に自分の力をおすそわけすることだ。たとえひかえめでも、もの静かでも、それは人から人へと伝わっていくすごい力をもっている。やさしさがあれば、つらいことも乗り越えていける。

　あなたも、だれかにやさしさを分けたいと思ったら、ぜひ、それを行動や言葉で伝えてほしい。

　本当にやさしい人は、行動を起こせるし、努力もできるはずだから。

ちょっとくらい汚れたって、
あざができたって、
おたがい、へいき。

モリー 13歳

ちっちゃくて、かよわいものは、
そおーっとさわってあげなくっちゃ。

アリス 5歳

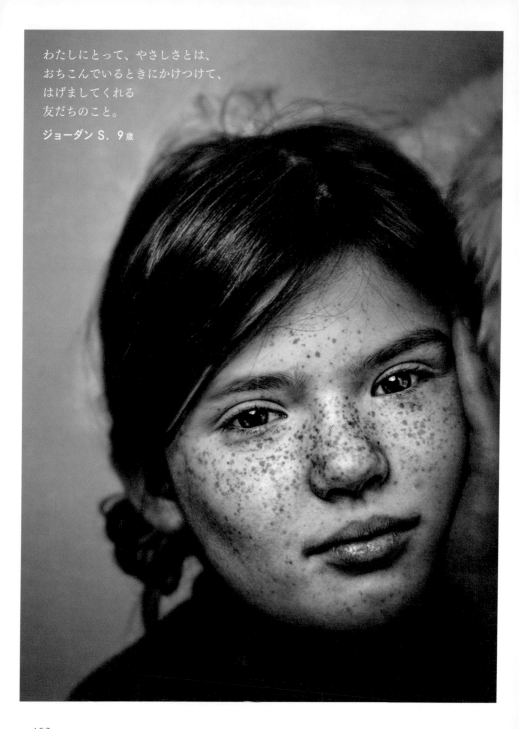

わたしにとって、やさしさとは、
おちこんでいるときにかけつけて、
はげましてくれる
友だちのこと。

ジョーダン S. 9歳

152

友だちがころんだら、
おこしてあげないとね。

ミア　9歳

つらいことは多いけど、
そういうときこそにっこり笑えば、
乗りこえていけるんじゃない？

タチアナ　11歳

男子に、おまえらにはプレーできないって思われても、
ぜったいにあきらめないって胸をはらなきゃ。

エラ H. 12歳

スイミングのチームに入るのを、この子、すごくこわがってたから、
れんしゅうのときは、あたし、いつもこの子にくっついてるの。
いっしょにいると、あんしんするみたい。
友だちって、そういうものでしょ。

シド **9**歳

なかまといっしょに走ってると、
あたしは自由！　生きてる！　って感じる。
ペイトン　11歳

女の子は、どんなふうにだってなれるよ。
おてんばにも、かわいくにも、やさしくにも、つよくにも。

ローガン　**13**歳

ともだちやママとハグしてると、
うれしくなるし、ちからがでてくる。

ソフィアM.　**5**歳

いもうとがいるって、すごくいい。

ケイト K. 7歳

あたしのポニー、
マックスっていうの。
マックスは
せかいでいちばんかわいい。
ずーっと、だいすきだよ。

シエナ　5歳

バレーボールでいちばん大切なのは、チームワーク。
シーズンが終わるころ、
あたしたちは友だちっていうより、姉妹になってる。

イライザ　**13**歳

ともだちが、カードやお花をくれた。
力をかしてくれた。
あいをくれた。

フィンリー　8歳

このくつのひもが
こんがらがっちゃったの。
あたし、ひもをほどくの
とくいだから、
やってあげてるの。

リリー S. 5歳

ジョーダンが足をおっちゃったから、
あたしたち、おみまいにきた。
たいせつな友だちだからね。

エラ　**8**歳

あたし、5年生のどの男子より、
懸垂をたくさんやったよ！

エラ T. 11歳

1ねんかん、かみをのばして、きったところ。
びょうきになって、
かみのけがなくなってしまった子に、きふするの。
また、のばして、あげるつもり。

エヴァ　**6**歳

女子と男子は
ただ、体のつくりがちがうだけ。
人間のつよさっていうのは、体のつよさじゃない。
人から信じてもらえないときでも、
ゆるがないでいられることじゃないかな。

オリアナ **12**歳

大胆不敵になりなさい。

危険を冒す勇気をもちなさい。

どうなるかわからないところでも

向かっていきなさい。

──ケイティ・クーリック（ニュースキャスター）

FEARLESS
IS STRONG

CHAPTER 7

「こわがらない」は、つよい

なにひとつこわがらずに生きていける人なんて、いない。

こわくなるのはふつうのこと。でも、その「こわい」という気持ちに負けてしまったら、あなたの世界はちぢんでしまう。こわくても、それにのみこまれてはダメ。なにかをしたいと思ったとき、こわいからとやめてはいけない。

この章の少女たちは、こわがらずにいようと「思う」だけでなく、こわがらずに「行動」している。あなたも、身近なところからためしてみよう。たとえば、なにか考えが浮かんだら、思いきって口にしてみよう。仲間が力を貸してくれると信じよう。自分の力を信じよう。そうすれば、一歩ずつ、しっかりと山を登っていけるから。

思いきってなにかを始めるのもいいだろう。あえて苦手な授業や仕事を選ぶとか。どんなにこわくても、いま自分がしなければならないことと、おそれる気持ちとを切りはなして考えられたら、もうだいじょうぶ。

高いところがこわくても、飛行機の操縦を学べるようになる。仲間が受けとめてくれると信じていれば、空中でくるくると回転できるようになる。そんな力があるなんて本人でさえも思っていなかったのに──。

もちろん、こわくてなにかに挑戦するのをやめたとしても、悪いことじゃない。こわいという気持ちが自分にあるんだと知ることも大事だから。でも、やってみたいのなら、とにかく行動を起こすしかない。

きっと、うまくいく。

海のふかいところはこわい。
でも、どんなにふかくたってかんけいない。
あたし、ぜったいに海におちないから。

テイラー　6歳

あたしが高く舞いあがれるよう、
みんなが力を貸してくれる。
あたしが落ちていくと、
いつだって受けとめてくれる。
だから、だいじょうぶ。

マーリー　17歳

このアメフトのリーグで、女子チームはうちらだけ。
自分の倍は大きい男子に立ち向かうときはビビりそうになるけど、
一歩も引かずに突きすすんでいく。
そうすると、すべてが変わりはじめる。

アビー　**12**歳

スケートボードにケガはつきものだからさ、
ものすごくいたいときもあるよ。
だけど、何回だって立ちあがってトライする。
そしたら、「なんだってできる」気がしてきて、
なぜか、ほんとうにできるんだ。

ミーナ　**9**歳

飛行機のコックピットに座ってるときの
解放感、スリル、興奮は、
やった人にしかわからないと思う。
目の前には、ただどこまでも広がる空があるだけ。

アリス　16歳

ほんとは、
こんなたかいとこまで
のぼっちゃいけないんだけど、
ここのほうが
ずっとながめがいいんだもん。

エマ　**7**歳

スケートしてて、うでを折ったことがあるの。
また、どこかケガするかもしれない。
それでも、ジャンプしたいんだ。

リード　6歳

女のしょうぼうしさんには
あったことなかった。
でも、なれるんだって、わかった！

マディ 7歳

友だちからは、
クレイジーだって言われるけど、
あたしは、あたし。

エラ　**10**歳

走るのはとくいだし、大好き。
夢は、プロのランナーになること。

ハンナ　10歳

海にもぐって、ウニをさがしてるの。
深いところまでもぐると、
まわりが暗くなって、ひんやりしてくる。
見つけたときは、やった！　ってなる。

マディソン　11歳

ずっーと、
ちゅうがえりのれんしゅうをしてるとこ。
アリス 7歳

目の前のホールドしか見ないで、
いちばん上にたどりつくことだけを考える。
ほかの心配ごとはぜんぶ、
下においとく。

キャロライン Q．12歳

あたし、
すごくこえが
おっきいの。
きぶんが
いいときは、
おなかのそこから、
おもいっきり
さけぶんだ。

アリス　5歳

みんな、
会ったばかりの
ぜんぜん知らない人どうしだけど、
おたがいを頼りにしている。
信頼しあってる。
だから、コースの途中に、
こわいところがたくさんあっても
いける、って思える。

デイジャ　17歳

水球は、
ゴールをたくさん決めたからつよいってわけじゃない。
ゴールの数なんて、ただの数字。

ミーガン S. 17歳

ダンスは自分を表現する手段。
だけど、それ以上に、
ほかの人たちと
深いところでつながる手段なの。

ティーガン　**12**歳

あたしたち、負けしらず。
このまま、
勝ちつづけるつもり。

オリヴィア J. 9歳

あたらしいわざのれんしゅうをするときは、こわがらないようにしてる。
とにかく、れんしゅう、れんしゅう、れんしゅう。
できるようになるまでね。

アリス **7**歳

ほかの人と競いあうことを、
不安に思ったことはない。
ただ自分と勝負することだけを考えてるから。

ジェシカ　**18**歳

じぶんで、のれる。

アリス　6歳

あたしには、チームを勝利にみちびく力がある。
でも、あたしのつよさはそこじゃない。
自分が好きなことをしているのを見てもらって、
あなたも好きなことをするほうがいいよって、
ほかの人の背中を押しているところだと思ってる。

エミリー B. 17歳

これまでは、ランニング＝自信。
でもいまは、自信＝わたし。

ローレン J．10歳

自分らしくいること。

それこそが、ほんとうに美しいこと。

―――ミーガン・ラピノー（アメリカのサッカー選手）

JOYFUL
IS STRONG

CHAPTER 8

「楽しめる」は、つよい

と きどき、自然とウキウキする日がある。プールが開いた、プレゼンがうまくいった、試合に勝った、お天気がいい、友人といっしょに声をあげて笑ってアイスクリームも食べた、三連休！……。

でも、そんなふうにいかない日もある。試験に落ちた、締切りに間にあわなかった、ものすごい勢いですっ転んだ、月曜日がきた……。

そう、人生には、つらいときがある。まったく納得がいかない理由で苦労することだってある。世界は自分を中心にまわっているわけではないから。

ただし、そんなときでも、あなたにはできることがある。

それは、ささやかな幸福のきらめきをさがすこと。

「楽しめる」人は、幸福は外からやってくるんじゃなくて、自分の内側から湧きでるのだとわかっている。だから、くよくよするかわりに、明るくすごそうと決める。

この章の少女たちも、いつだって楽しもうとしている。そして、そのよろこびを分かちあっている。彼女たちには、ささやかなよろこびを見つけるための、芯のあるつよさがある。

楽しめる人は、つよい。

あなたも、そうなろう。

つよくなると、いいきぶん——
それに、うれしい。

ケルシー　10歳

心はいつもオープンに。
そうすれば、
もっといろんなものを
生みだせるはずから。

フェイス 18歳

みんな、かわいい。
みんな、つよい。
それぞれの個性でね。

ローガン　13歳

ほら、ダンスもやっぱりスポーツよ。

ニコル　18歳

がんのせいで、
足を１本、うばわれたけれど、
よろこびまでは、うばわれていない。
わたしは幸せになるって決めた。
幸せでいること、
それがわたしのスーパーパワー。

グレース B.　12歳

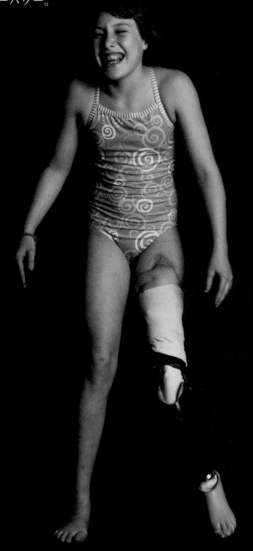

ともだちといっしょにわらっているときが、
1日でいちばん、たのしい。

ミア 9歳

あたしは、
まほうつかい。

エラ **8**歳

ほんとは、みんなつよい。
そのつよさをなにに向けるかが、
ちがってるだけ。

グレース F. 13歳

あたし、まわりのみんなを
楽しくて、しあわせな気もちにできるよ。
サミー **11**歳

サッカーのなかまは、あたしの親友。
いっしょに試合で負けたり、
走ったり、れんしゅうしたり、ケガしたりして、
おたがいのことがよくわかってる。
だから、あたしたちはみんなタフで、
みんな、なかよし。
きょうだいみたいに。

キャロライン C. 9歳

犬とダンスしたって
いいでしょ。

エラ　9歳

わたしは、たいそうせんしゅ。
でも、とうにょうびょうだから、
しょくじに気をつけて、
インスリンのちゅうしゃもしなくちゃ。
いっしょけんめい、がんばるためにね。

ヘイリー C. **7**歳

歌うのは大好きだけど、
全校生徒のまえで
ソロで歌ってって言われたときは、
ものすごく緊張した。
そしたらママが言った。
「大きく息をするの。あとは歌うだけ」
うまくいったよ。

ジェイダ 11歳

いちばんでも、ビリでも
みんなで拍手。

ミア　9歳

おいてきぼりになったり、
かなしいおもいをしてる人がいないと、
わたしもうれしい。

ソレーヌ　6歳

うん、ちょっとドロンコになっちゃった。
いけない？

テイラー　6歳

223

これまでのトレーニングも、
すり傷の数々も、
夜おそくまでの練習も、
ぜんぶ、このときのためだったんだね。

マッケンジー　**13**歳

目のまえにいるのは、世界一のサッカーせんしゅ。
ケガでプレーできないときもあったけど、
もどってきて、まえよりつよくなった。
ミーガン・ラピノーは、あたしたちのヒーロー。

ヴァイオレット　9歳

もうやめたいとおもった。
でも、ぜったいやめなかった。
いまは、たのしい。

ミシェル　9歳

これって、たのしすぎ！

アリス　**6**歳

あたしのからだは、
ほかのひととおなじようには
うごかない。
でも、かぞくやともだちと
あそんでいると、
すごくたのしい。
じてんしゃレースをすると、
あたしは、いっつも、
パパにかつんだから！

ハーパー　4歳

走り幅跳びでジャンプして
宙に浮かんでいるときは、
まるで飛んでる気分。
で、着地したあとは、
頭のなかがすっきりしてるの。

アビゲイル　**17**歳

あなたの個性を大切にして。

自信がなくなったときには、

心の声に耳をかたむけて。

だって心は、あなたがなにになりたいのか、

もうわかっているのだから。

——メレディス・ヴィエラ（ジャーナリスト、司会者）

INDEPENDENT IS STRONG

「ひとりでできる」は、つよい

だれかに助けてほしい、アドバイスがほしい、やさしい言葉をかけてもらいたい。そんなふうに思う日がある。

そんなときはあたりを見まわして、家族や友人をさがすけれど、どういうわけか、だれもいない……。でも、それで終わりってわけじゃない。

あなたには、あなたがついているから。

自分で自分を高めることができるから。

ひとりで行動するのも、なかなかいいものだ。

あなたも自分をほめて、「あたしはすごい」「あたしならできる」と励ましながら、前に進んでみよう。

気まぐれなところも、ちょっと変わったところも、パーフェクトじゃないところも、みんな個性。そういうところがあるからこそ、あなたはほかの人とちがった、とくべつな存在なのだ。その個性は思いっきりいかしたほうがいい。

自分の夢を追いかける、静かな時間を楽しむ、冒険にでかける、素の自分でいることを心地よく感じる……。この章の少女たちも、自分の力でいろいろなことをしている。そこが、つよい。

なにをしていても、どんなことが起ころうと、自分の足でしっかりと立ってこそ自立。

自分の力で、それを実感してほしい。

パパが、つりざおの使いかたをおしえてくれた。
魚がエサに食いつくのをじっとまつのって、
たいへんね。

エラ　**10**歳

自分でつくりだすのは
いつだって楽しい。
それがいちばんだいじ。

ヨリサ 10歳

湖のひらけているところは、
あたしの楽園。
この最高の友だちといっしょに楽しむために、
ボート免許をとったんだ。

マッケンジー **13**歳

なんのルールもないところで、えをかいたり、なにかをつくるのがだいすき。
あたまにうかんだものは、なんだってかけるわ。

エマ　**7**歳

波とかけっこするのが好き。
あたしが勝つときもあるし、
波が勝つときもある。

エラ 10歳

ちいさいころから、
パパが山に連れていってくれている。
携帯電話なんかない。
だれからも「気をつけて！」なんて言われない。
ただふたりで森のなかを歩いて、
キャンプして、おしゃべりするだけ。
世界でいちばん、ハイキングが好き。

エマ B.　11歳

歌っていると、
ふだんの生活のことはみんなわすれる。
だから、歌うのが好き。

エマ L. 11 歳

じぶんひとりでなにかをすると、
あたしってすごいっておもっちゃう。
それで、あたしらしさが
かがやくとおもうから。

エラ・ハート 8歳

わたしはダンスで
わたしを表現する。

ジャンニ　**14**歳

たんけんはやめられない――
せかいや自分のいろんなことを
みつけられるから。

ソフィア S. 9歳

244

しゃしんをとるのがすきなのは、アートだからよ。
アートっておもしろい。ワクワクする。
すごいしゃしんがとれると、とってもうれしい。

リリアン **5**歳

にっこりわらって、
みんなをわらわせるの！

ミリー　7歳

かんせつのびょうきになって、
車いすをつかうことになったときは、
ほんとにイヤだった。
でも、いまはカンペキにつかいこなしてる。
だれかにおしてもらうひつようなんかないの。

エマ 7歳

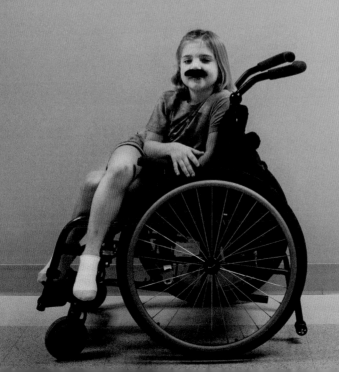

つよい意志と勇気をもって、
あきらめずにがんばれれば、
それで満足。

レイナ　**12**歳

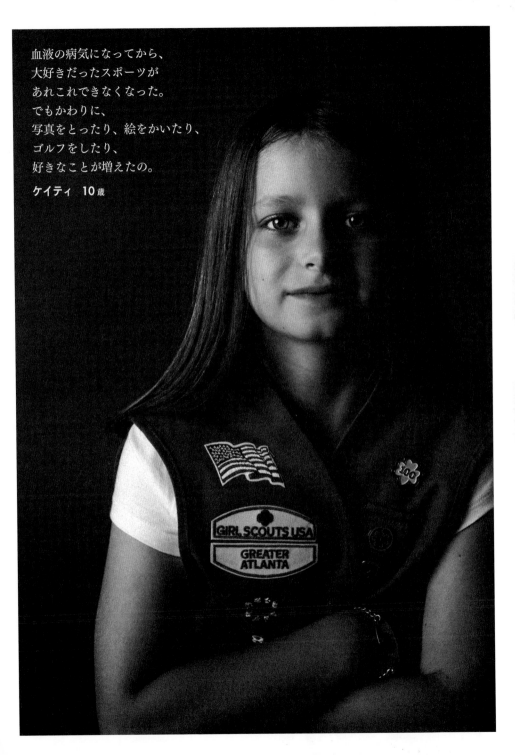

血液の病気になってから、
大好きだったスポーツが
あれこれできなくなった。
でもかわりに、
写真をとったり、絵をかいたり、
ゴルフをしたり、
好きなことが増えたの。

ケイティ 10歳

わたしは自分の体の5倍も大きい動物を信頼して、
手づなをさばいている。
つよさと体の大きさとは関係ない。
どんなに大きくたって、
馬を力で負かすことはできない。
つよさっていうのは、「静かな決意」なんだ。

カーラ　16歳

あたしになれないものはない。
いまのあたしは、ユニコーン。

アリス 6歳

自由を求めて声をあげれば、
わたしのなかにはこれ以上ないつよさがあるって実感できる。

フィオーナ　**18**歳

ママはいつも、
思っていることはなんでも
はっきり口にだしなさいって言う。
あたしがあたしであることに、
しりごみなんかしないよ。

ヘイリー H.　**10**歳

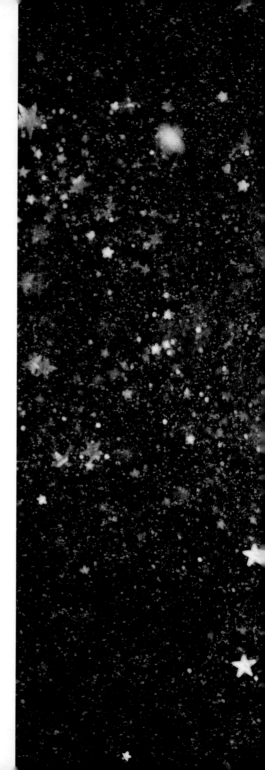

あたし、よく、くうそうするの。
パパとママからは、
「ほら、また
〈エラのせかい〉にいっちゃた」
って言われるけど、
それって、すごくステキなことでしょ。

エラ 9歳

ACKNOWLEDGMENTS

謝辞

この本がかたちになるまでには、大勢のすばらしい方たちが協力してくださいました。そのおかげで、夢だけで終わらずに、こうして本ができました。いまだに信じられません。

マイク、あなたは私を信じてくれた最初の人です。私が道を進むあいだ、ずっと支えてくれて、私を笑わせ、道からはずれそうになると元に戻してくれました。愛しています。両親にも感謝します。子どものころから私にいっさい反対せず、自分らしくいさせてくれました。試合にはかならず観戦に来てくれて、いつでもどこでも応援してくれたわね。最高の両親です。妹のメグ、あなたは生涯の親友よ。デイヴ、スティーヴ、そしてアンソニー家のみなさん、私はいつもあなたたちの小さい妹で、それはいまもそう変わりません。いつだってあとをくっついていた私を見守ってくれて、ありがとう。アマンダ、私の「シスターワイフ」、そしてリープ家のみなさん——あなたたちがいなければ、どうなっていたことか。パーカー家のみなさん、いつもユーモアを忘れず、支援してくださり、ほんとうにありがとう。メアリー・アリス・スティーヴンソン、あなたが「この写真はなにを意味してるの?」と尋ねてくれたおかげで、コンセプト全体に輝きがもたらされました。ミーガン・ニコレイ、本書の刊行はすばらしい経験でした。あなたの専門知識、気配り、そして先見の明に感謝します。アンナ、セリーナ、クロエ、ジェシカ、レイチェル、ベス、リサ、ジュリー、ワークマン社のみなさん、ありがとう。ウィリアム・キャラハン、あなたの機知、知識、冷静な頭脳がなければ、ここまでたどりつくことはできませんでした。リズ・ディルワース、あなたの段どり、フォロー、前向きな考え方には感謝してもしきれません。あなたのご尽力と、この本を現実のものにしてくださったことに深謝します。エージェントのグリーンハウスのみなさん、私を信じてくださってありがとう。コリーンと、カリー家のみなさん、あなたたちはサイコーです! マイアーズ夫妻には、南アフリカ人らしいホスピタリティに感謝を。私のデーモン・ディーコンとグラディエーターの家族たちにも。

そして最後に、私を信じて貴重な時間をさき、人生の一場面の撮影を認めてくださったすべての少女たちとそのご家族に、心からの感謝を捧げます。

みなさんを撮影させていただけて光栄でした。